AF339577

QUELQUES OBSERVATIONS

SUR

LES CIRCONSTANCES PRÉSENTES.

Par Augustin FABRE, *Avocat.*

A MARSEILLE,

De l'Imprimerie de Commerce de DUBIÉ,

Rue de la Loge, N.º 15.

Mai 1823.

QUELQUES

OBSERVATIONS

SUR LES CIRCONSTANCES PRÉSENTES.

QUELQUEFOIS on a vu des peuples, égarés par un esprit de vertige et de révolte, rompre tous les liens sociaux, et se précipiter dans l'abîme des plus affreuses révolutions. Il n'est pas besoin de citer des exemples étrangers, lorsque nous en avons un presque sous les yeux, et qui sera écrit en caractère de sang et de boue dans les annales de notre patrie. A la voix de quelques sophistes et de quelques déclamateurs, la nation la plus douce et la plus polie de la terre s'est livrée à tous les excès. Elle a renversé la monarchie de Saint-Louis qui assurait son bonheur et sa gloire, et a offert un encens impur à une liberté sanguinaire, entourée d'échafauds, et assise sur un monceau de cadavres. Alors les saturnales les plus atroces et les plus ridicules se virent. L'anarchie leva sa tête hideuse. Toutes les bassesses eurent leurs autels. Tous les forfaits eurent leur apothéose. Le génie de la destruction, conduit par la folie, boulevesa la France consternée. Tout fut corrompu, tout fut dénaturé, et les choses, et les idées, et les mots.

L'expérience de tous les siècles démontre que l'anarchie engendre toujours le despotisme. Cromwel, maître du pouvoir, chassa devant lui les ignobles républicains qui avaient assassiné leur Roi, et fit mettre sur la porte de la chambre des communes: maison à vendre. Ainsi, du sein de nos orages politiques, un soldat heureux s'éleva, qui se crût un Charlemagne ou un Louis XIV, parce qu'il s'assit sur leur trône, et qui distribua des couronnes, comme des grades et des décorations. Nous avons vu les vétérans de la félonie, les ridicules Brutus, baisser le front devant l'insolent despote, s'enchaîner à son char de triomphe, et mendier ses avilissantes faveurs. Fatigué de tant de bassesses, il leur disait: vous n'êtes rien devant moi. Je puis vous fouler aux pieds comme une vile poussière. Et ils répondaient : nous ne sommes rien. Vous pouvez nous fouler aux pieds.

Ce sont ces hommes, portant naguères la livrée de la servitude, qui arborent maintenant les couleurs de l'indépendance. Ce sont eux qui crient à l'oppression, quand une sage liberté fleurit à l'ombre du trône légitime ; quand un monarque législateur a garanti tous les droits, et sauvegardé tous les intérêts ; quand il nous a donné des institutions conformes aux nouveaux besoins et aux nouvelles idées de la société.

Il existe aussi une race d'hommes inquiets et orgueilleux, avides de nouveautés, dédaignant l'espérience des siècles et l'autorité des ancêtres. Ces antiques croyances, ces traditions héréditaires, conservatrices du bonheur des familles et du repos des peuples, ils les attaquent avec des sarcasmes et des railleries. La frivolité dans le cœur, et le blasphême sur les lèvres, ils s'en vont sans cesse prêchant contre les pouvoirs légitimes, contre toutes les supériorités sociales. Ils se croient en possession de tout critiquer et de tout braver,

Marchant la tête levée, ils disent avec un superbe dédain à la foule qui les environne et aux générations qui les ont précédés : nous seuls sommes raisonnables, nous seuls n'avons pas de préjugés. Sans passé, comme sans avenir, rien n'est sacré pour eux, ni la fidélité, ni le malheur, ni le tombeau. Vains parleurs de philosophie, ils se prostituent à des méprisables idoles. Ils invoquent à grands cris la gloire et la liberté, ce qu'il y a de plus noble et de plus généreux sur la terre ; mais ils infectent tout ce qu'ils touchent. Le désordre est leur instinct. Le mal est leur besoin. Leurs désolantes doctrines flétrissent l'âme, et désenchantent la vie. Elles font évanouir les illusions douces et brillantes, les sentimens purs et fécond, et ne donnent en échange que de froids calculs, de stériles erreurs, et de misérables dégoûts. La voilà, cette race d'hommes, dans toute sa nudité. La voilà, telle que la révolution l'a faite.

On trouve dans les rangs de ces hommes, les assassins du juste couronné ; tous ceux qui ont acquis une honteuse célébrité ; tous ceux qui se sont traînés dans la fange, et qui se sont vendus à l'iniquité triomphante ; tous ceux qui ont trafiqué de leur infamie, et spéculé sur les misères publiques. Voilà les guides, les chefs, les oracles de la faction. Pourquoi ne les repousse-t-elle pas de son sein ? C'est parce qu'elle prend sur elle la solidarité des forfaits.

Elle croit suppléer sa faiblesse par son audace. Flétrie par la raison publique, elle s'agite dans tous les sens. Elle médite de sinistres projets. Elle révèle d'atroces espérances. Comme l'a dit un écrivain royaliste, le poignard de Louvel s'est trouvé dans ses bagages.

Le désordre est une exception dans la société, comme le mal dans la morale. Les destinées de notre belle France ne seront plus abandonnées aux fureurs de l'anarchie, ni aux caprices du crime. Eh! qui pourrait désespérer du triomphe des saines doctrines et du salut de la monarchie, lorsque la sagesse éternelle nous a donné de si hautes et de si miraculeuses leçons ; lorsque la provi-dence semble veiller sur nous avec sollicitude ; lorsqu'elle a fait la restau-ration ? Il tombe le colosse d'orgueil et de puissance que la lâcheté adorait, et qui écrasait la terre de son poids. Aussitôt un homme s'avance, suivi d'une jeune femme, sans trésors, sans soldats, sans courtisans. Mais cet homme est le descendant d'Henri IV. Cette jeune femme est l'héritière des Césars, la fille du Roi martyr, et l'orpheline du temple. Tous les cœurs se donnent à eux. Les routes par où ils passent sont jonchées de fleurs, et couvertes d'arcs de triomphe. Le peuple attendri les salue avec des chants d'amour et des cris d'allégresse. Il monte sur le trône de ses pères, ce Prince adoré, et l'aurore d'un heureux avenir brille pour la France, et la religion reprend son éclat, et la vertu est consolée, et le despotisme abattu brise sa verge de fer. Voilà votre puissance, voilà vos miracles, doux prestige des souvenirs, gloire antique de la patrie, dogme sacré de la légitimité. Qu'elles sont faibles auprès de vous, les vaines théories, et les froides abstractions politiques ! qu'elle paraît frivole, toute la science des législateurs !

Un monstre avait dit dans son cœur: je détruirai, dans sa racine, la race des

Bourbons. Elle disparaîtra de dessus la terre. Le nouveau Ravaillac, invoquant le néant , enfonce un fer parricide dans le noble sein du duc de Berri. Il expire , ce prince infortuné, au milieu de toutes les prospérités du monde ; et pas une plainte , pas un regret ne lui échappe. Comme tous les Bourbons, la royale victime expira en pardonnant. Sa dernière pensée est une vertu, son dernier soupir est encore de l'héroïsme.

Il semblait que la famille de St.-Louis était éteinte. Il semblait que l'athéisme et le crime avaient réussi dans leur espérance et leurs projets. Vains projets, frivole espérance des hommes ! La jeune veuve du martyr porte dans son sein un gage de fécondité et d'amour. Un prince voit la lumière. Un autre Berri nous est donné.

Eh ! quel temps fut jamais si fertile en miracle ?

ATHALIE.

On a dit avec raison et énergie que la providence avait fait son devoir. Mais cela ne suffit pas. Il faut encore faire le notre. Il faut détruire les restes de la démagogie, et les vestiges du

2

despotisme impérial. Il faut mettre un frein salutaire à la folle intempérance des opinions, et à l'audace de la pensée. Il ne faut avoir aucun égard, aucun ménagement pour les vils apôtres de la sédition, pour tous les charlatans à répugnance et les pygmées révolutionnaires. C'est alors que la stabilité des trônes et le répos des peuples seront assurés.

Sans l'énergie, point de justice. Sans la fermeté, point de pouvoir. Par un étrange renversement de principes et d'idées, nous avons vu, sous une administration qui s'est écroulée sous le poids de la réprobation publique, le zèle érigé en folie, et le dévouement regardé comme dangereux. Ah ! jetons le voile de l'oubli sur cette déplorable époque d'ineptie et de déception. Loin de nous, cette fausse modération, cette douceur mensongère, qui cache, sous le masque de la sagesse, et l'égoïsme du cœur, et la faiblesse de l'âme. Loin de nous ces hommes froids et pussillanimes, qui regardent l'indifférence comme un devoir, et qui mettent sans cesse le calcul à la place du sentiment. Loin de nous leurs

discours perfides et leurs conseils in-
téressés.

Le règne du mal a laissé en France, de profondes racines. Les a-t-on arrachées ces racines, d'une main ferme et habile ? A-t-on réformé tous tous les abus, réparé toutes les injustices, et détruit tous les scandales ? Hommes du pouvoir, ô vous qui tenez dans les mains les rênes de l'état et les destinées de la monarchie, vos intentions sont bonnes, vos principes sont purs, je le sais ; mais vous avez bien peu fait pour mériter la confiance publique. Et cependant de quelles immenses ressources vous disposez ! quelles espérances vous ont accompagnés au pouvoir ! que de choses il vous reste à faire ! où sont-elles les institutions que la France réclame pour consolider le trône , pour faire oublier nos sanglantes discordes, et pour cicatriser nos blessures ? Point d'incertitude dans vos vues , point de faiblesse dans vos moyens, point de tergiversation dans vos actes, point de pacte avec la révolte , point de concession à l'anarchie, voilà ce que vous demande la france amie de l'ordre et des lois. Voilà ce qu'elle attend de vous.

La reconnaissance est un devoir pour les gouvernemens, comme pour tous les hommes. Quand le mérite et la fidélité , sans récompense et sans honneurs, languissent dans l'obscurité et l'abandon ; quand les faveurs de l'état, quand les fonctions publiques sont données aux ennemis de la royauté légitime , le découragement s'empare de toutes les âmes, et l'indignation de tous les cœurs. Qu'ils soient chassés de tous les emplois , ces hommes sans force, sans courage et sans conscience ; ces caméléons politiques qui ont caressé tous les pouvoirs , qui ont fait brûler un encens sacrilége sur les autels du crime et de l'usurpation. Qu'ils soient remplacés par des hommes purs et qui ont fait leurs preuves de dévouement. Que tout soit épuré , que tout soit royaliste, depuis le Conseiller − d'état jusqu'au garde champêtre. Ce n'est pas là de la politique ; c'est du simple sens commun ; car il est absurde de croire que l'on puisse mieux servir une cause par intérêt que par conviction. Eh quoi ! de vieux serviteurs de la monarchie, des hommes, qui dans les tempêtes politiques et les proscriptions populaires, ont tout perdu, excepté l'amour du Roi et de la patrie qui fait toujours battre leur cœur, sont sans pain et sans asyle ; et les Ministres du Roi ne leur tendent pas une main secourable ; et les emplois publics ne sont pas pour eux. L'héritage de leurs pères est usurpé par des spoliateurs orgueilleux qui ne laissent tomber sur eux que des regards insultans. Ah ! leur cœur généreux est inaccessible à la vengeance. Ils ont fait au repos public le sacrifice de leur ressentiment. Ils mourront pauvres, mais avec une conscience tranquille. Peut-être quand ils ont vu le trône des Bourbons se relever si miraculeusement, ils ont cru que la dette de la reconnaissance serait acquittée. Leur espoir a été trompé. N'importe, ils ne sont pas moins pleins de zèle et d'amour pour la plus sainte des causes.

On dirait que le malheur a cessé d'être privilégié en france. On dirait que les principes éternels de la morale, et les droits sacrés de la jus-

tice , sont prescrits pour les malheureuses victimes de la révolution , pour
ceux qui se réfugièrent sur une terre
étrangère , pour soustraire leur tête
à la hâche des bourreaux domina-
teurs. Toutefois n'oublions pas que la
prescription , repoussée par l'honneur,
n'est jamais invoquée que par les fripons.

Un Grégoire jouit d'une pension de
24,000 francs, et le plus petit secours
n'est pas accordé à la fidélité malheu-
reuse. La plus légère indemnité est
refusée aux émigrés. Espérons que
dans le sein de la Chambre des Dé-
putés, des voix généreuses s'élèveront
en leur faveur. Cette assemblée, le
désespoir des factieux , et la digne
image de la glorieuse Chambre de
1815 , aura ainsi de nouveaux titres
à la reconnaissance nationale.

Qu'a-t-on fait pour ces admirables
Vendéens qui firent trembler la con-
vention dans son odieux repaire , qui
étonnerent le monde par leur courage
et leurs vertus ? Ce n'est pas encore
pour eux que sont les récompenses.
Ou bien, si une pitié superbe daigne
descendre jusqu'à quelques vieillards
mutilés qui vainquirent la garnison

de Mayence, jusqu'à quelques compagnons de Cathelineau et de Charette, les secours qu'on leur accorde sont véritablement dérisoires. Ainsi on froisse le sentiment national. Ainsi on dépouille la france de ce noble caractère de générosité qui l'a toujours distinguée entre les nations. Mais il y a des gens qui ne comprennent pas cela. Ils s'imaginent que tout va parfaitement, quand ils ont de gros appointemens. Ils prennent ainsi le contre-sens des choses.

La Vendée a souffert tous les genres de malheur. Il ne lui manquait plus qu'une humiliation. Elle vient de la subir. C'est celle d'avoir pour Député un homme qui la déshonore. Généreuse Vendée, terre sacrée de l'héroïsme et de la fidélité ! non, il ne te représente pas, le blasphémateur insensé qui a fait l'apologie du régicide. Non, il ne te représente pas. Je le jure par les mânes de tes glorieux Martyrs.

Royalistes, ne perdez pas courage. Vous êtes les plus forts, les plus habiles et les plus nombreux, disait, sous le Ministère de M.ʳ Decaze, le

premier écrivain du siècle , l'homme
d'état qui offre, mieux que personne ,
l'accord d'un beau talent et d'un beau
caractère. Le temps a démontré cette
vérité incontestable. Il a mis à-peu-
près chaque chose à sa place. Le li-
béralisme perd du terrain chaque jour.
Encore quelque temps , et il n'aura
aucun organe à la Chambre élective.
il expirera au bruit des sifflets , et
ne sera considéré que comme un ridicule de plus ajouté aux autres ridicules de l'esprit humain.

La guerre d'Espagne lui portera le
dernier coup. C'est là son arrêt de
mort. Tant de guerres ont été faites
pour une fausse gloire , par un vil motif
d'ambition, on pouvait bien en faire
une pour le triomphe de la morale et
de la justice, pour le soutien des principes conservateurs de la société. Jamais
guerre ne fut plus légitime et plus sainte.
Celle-là n'est pas un scandale. Celle-là
ne fait pas gémir l'humanité. Si le sabre de quelques soldats sans honneur
et sans Dieu pouvait impunément rem-
placer le sceptre des Rois ; si les caprices
de ces Solons de corps-de-garde im-
posaient des lois aux nations , tout se-

sait bouleversé dans cette vieille Europe, pour laquelle la royauté est le premier de tous les besoins; car il ne faut pas croire que la puissance royale ne soit établie que dans l'intérêt de quelques familles privilégiées. Elle l'est surtout dans l'intérêt des peuples. Il faut sauver la civilisation menacée par de nouveaux Vandales qui ne reconnaissaient d'autres droits que celui de la force. C'est lorsque les gardes du Prétoire mirent à l'encan la puissance souveraine, que l'empire romain devint le jouet et la proie des barbares, et qu'il périt dans les convulsions de la plus hideuse anarchie. A Alger, une soldatesque grossière dispose du gouvernement. Là règne, dans tout son pouvoir, la légitimité du sabre. Est-ce de cette légitimité que les libéraux voudraient nous faire présent ? l'obéissance passive des défenseurs de l'état, comme de tous les citoyens, est une nécessité de l'ordre social. C'est une des conditions de son existence. L'assemblée constituante elle-même à rendu hommage à cette vérité de tous les temps et de tous les peuples. Oui, la raison doit frapper d'anathême ces doctrines perturbatrices qui proclament l'insurrection le plus saint des devoirs, et qui servent au triomphe de ce qu'il y a de plus lâche et de plus vil ; ces théories mensongères qui creusent le tombeau où vont s'engloutir, pêle mê-le, et les croyances, et les mœurs, et les lois, et les hommes.

L'honneur national demandait impérieusement cette guerre. La France, en la faisant, s'est placée à sa véritable position et au rang qu'elle doit occuper. On ne dira pas maintenant que nous sommes sous la tutelle de l'Angleterre. C'est une chose pitoyable que de voir le gouvernement Britannique employer toutes les ressources de sa politique astucieuse, pour soutenir ce qu'il appèle l'indépendance des nations, lui, qui s'est joué si souvent des droits les plus saints ; lui, qui n'a jamais eu pour mobile que l'intérêt ; lui, qui opprime les Irlandais, et écrase les malheureuses nations de l'Inde soumises à son empire. Un vieux sentiment de haine et de jalousie dirige seul sa conduite. Il ne peut voir qu'avec peine le noble rôle que joue la France sur la scène politique, l'influence qu'elle a exercée dans le conseil des Rois , la confiance et le respect qu'elle inspire , les destinées de prospérité auxquelles elle est appelée. Oui , la carrière de la gloire n'est pas encore fermée pour la France. On ne lui a pas encore arraché le sceptre des nations. Toujours elle marche à la tête de la société européenne. Elle contemple avec orgueil une armée fidèle , pleine d'ardeur et de courage , qui fait l'appui du trône des Bourbons. En vain , la trahison , invoquant des souvenirs chers aux braves , a-t-elle entouré cette armée de pièges et de séduction. Elle est restée fidèle à l'honneur, idole des cœurs français. En-vain a-t·on étalé à ses yeux des couleurs qui guidèrent pendant vingt ans nos intrépides phalanges dans le sentier de la victoire ; elle a marché , en poussant des cris d'alégresse , sous le drapeau sans tâche , sous l'étendard glorieux de Bouvines et de Fontenoi. Nos soldats sont maintenant sans reproche, de même qu'il furent toujours sans peur. Ils n'éprouvent qu'un seul regret , c'est celui de n'avoir en Espagne aucun en-nemi à combattre ; c'est celui de ne pas pouvoir croiser le fer avec les satellites des Cortès. Car les descamisados ne savent que fuir, et Mina est de la même race que Pépé.

Jamais le soldat français ne fut traité avec plus de soin et d'égards. Jamais on ne pourvut à tous ses besoins avec plus de sollicitude. Si des améliorations paraissent encore nécessaires, espérons qu'elles seront faites, quand les circonstances le permettront. Le noble caractère de l'illustre Maréchal qui est à la tête de l'administration de la guerre nous fait concevoir cette espérance.

Le gouvernement n'a pas oublié les intérêts du commerce. Partout où ils pourraient être inquiétés, ou compromis, notre marine a la mission de les protéger. Nous n'avons plus, il est vrai, cette puissance maritime qui, pendant quelque temps, a marché la rivale de la puissance anglaise. Ils ne sont plus, ces jours brillans et fortunés où nos flottes victorieuses portaient sur toutes les mers la gloire du nom français. Toutefois notre pavillon n'est pas sans honneur. Il vient d'obtenir, sur les rivages de la Grèce et de l'Asie mineure, un triomphe plus doux et plus consolant que celui des armes. Dans ces malheureuses contrées , berceau des arts et du génie , une guerre d'extermination abreuve la terre de sang humain. La vengeance agite ses torches , autorise toutes les fureurs, entasse cadavres sur cadavres , et dans cette lutte de l'indépendance contre l'oppression , on n'entend que ce cri terrible : malheur aux vaincus. Partout où s'est montré le pavillon de la France, il a commandé l'amour et le respect. Tous les proscrits, toutes les victimes ont trouvé un asyle généreux sous ce signe de consolation et de salut. Dans l'attendrissement de leur cœur , dans les transports de leur reconnaissance , ils ont chanté les louanges de notre patrie , ils ont béni notre Roi.

Il fut un temps où la faction libérale exaltait la gloire de nos guerriers ; où elle célébrait avec pompe et leur valeur et leurs trophées. On peut même dire qu'elle porta ses louanges jusqu'à un ridicule excès. Il n'y a rien là qui doive surprendre ; car si cette faction fesait quelque chose de raisonnable et de vrai , elle sortirait de son naturel. Elle ne serait plus ce qu'elle est. A ses yeux, nos soldats étaient des héros dignes d'admiration, alors qu'ils cou-

raient à la mort pour satisfaire l'orgueil
et l'ambition de quelques satrapes inso-
lens, qui, pour toute récompense, les
appelaient *de la chair à canon*, alors
qu'ils arrosaient de leur sang le sol de
l'Espagne, pour placer sur le trône
de Charles-Quint un imbécille Joseph.
Et maintenant qu'ils marchent sur le
même sol pour une cause plus juste ;
maintenant que leur main libératrice
brise les chaînes d'un Bourbon captif,
ils sont sans gloire et sans courage. Ils
ne méritent plus que le mépris. Voilà
le patriotisme des libéraux. Indignes
enfans de la France, ils conspirent contre
le succès de nos armes. Ils font des vœux
impies pour le triomphe de nos ennemis.
Ils semblent se traîner à la suite des
aventuriers et des brigands qui chantent
la *Tragala*, et qui ont assassiné Élio.
Qu'ils aillent se mettre dans leur rang.
Qu'ils cessent de souiller la France par
leur présence, leurs blasphêmes et
leurs complots. Mais les lâches ne le
feront point. Le canon du général
Vallin les a tous épouvantés.

Il est tems pour nous de jouir du repos après avoir essuyé de si violentes

tempêtes. Que l'expérience nous corrige. Instruits par le passé, songeons enfin à l'avenir ; et travaillons au moins pour nos neveux, si nous ne pouvons pas travailler pour nous mêmes. Ne leur laissons point le funeste héritage de nos erreurs et de nos misères.

www.ingramcontent.com/pod-product-compliance
Lightning Source LLC
Chambersburg PA
CBHW061821060726
47597CB00008B/3303